EVA GONZÀLES

Artistas ocultadas

EVA GONZÀLES
Artistas ocultadas

Esther Tauroni Bernabeu

ISBN: 9798738969546

Queda rigurosamente prohibida, sin la autorización de la autora, la reproducción total o parcial de esta obra, por cualquier medio o procedimiento, reprográfico o informático, bajo las sanciones legales establecidas.

Presentación

La historia del arte, como reflejo de la sociedad patriarcal, además de ocultar nombres de mujeres artistas las ha eclipsado tras los nombres de sus parejas masculinas a las que, por la educación recibida y en nombre del amor romántico, fueron esclavas..

La biografía artística de Eva Gonzàles pone en primera fila a una de las grandes pintoras del impresionismo francés y a quien, su maestro, Manet nos mostró al mundo, a través de una chiquilla burguesa sin habilidades con un pincel y más pendiente del espectador que de su trabajo. Con esta biografía vamos a conocer a una pintora tenaz, poseedora de un técnica maravillosa y transmisora de temas que *evidencian la situación de las mujeres en el siglo XIX.*

El impresionismo

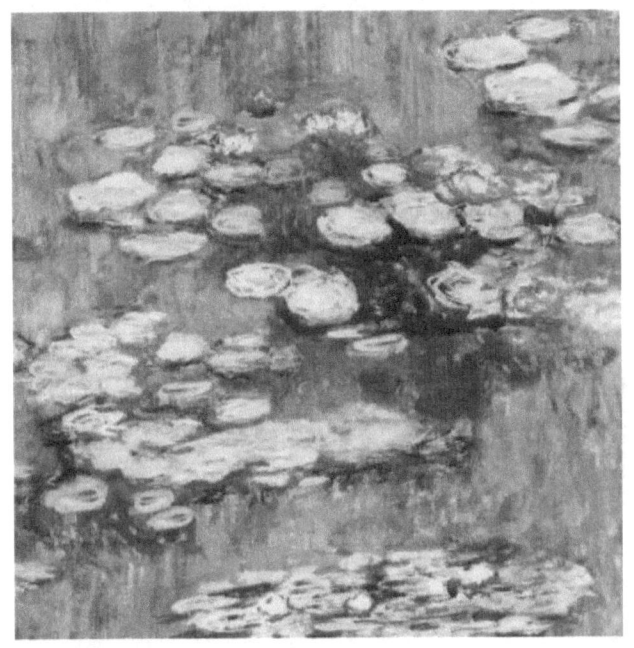

En el inicio del siglo XIX, se produjo en Europa una ruptura con las tendencias académicas acordes a los nuevos aires de libertad que a finales del siglo XVIII había proclamado la Revolución Francesa, una liberta y derechos que, por supuesto solo podían ejercer las mujeres, quedando como hasta, recientemente, supeditadas a ellos. La Declaración de los Derechos del Hombre y del Ciudadano de 1789, aprobada por la Asamblea Nacional Constituyente francesa el 26 de agosto de 1789 definió unos derechos universales que solo podían ser ejercidos por varones. En 1790 Nicolás de Condorcet y Etta Palm d'Aelders pidieron, sin éxito, a la Asamblea Nacional que extendiera los derechos civiles y políticos a las mujeres. La Revolución Francesa no condujo al reconocimiento de los derechos de las mujeres y ello llevó a Olympe de Gouges a publicar la "Declaración de los Derechos de la Mujer y la Ciudadanía" en septiembre de 1791 que es en esencia un memorial de agravios que pasó a la reividicación con Mary Wollstonecraft en 1792 con "Vindicación de los Derechos de la Mujer". En estos nuevos aires reivindicativos de las mujeres comenzó a construirse el arquetipo de la mujer fatale, diabólica, pecadora, rebelde y, en el polo opuesto la buena mujer que cumplía su rol maternal y asumía las normas impuestas por los hombres. A Eva Gonzàles se la perpetuó en el papel de aficionada, ángel y alumna obediente negando el talento que poseía y, qué de ser varón, hubiera estado en la primera fila del impresionismo.

Como reacción rebelde al academicismo francés del siglo XIX, surgió en el mencionado país el impresionismo en el que tuvieron cabida los artistas que querían ser independientes de las instituciones académicas y tener una vinculación directa con el público y el mercado. Su principal característica era la de plasmar a grandes rasgos la "impresión", la fugacidad y el instante, sin reparar en la identidad de las formas, en superficies borrosas y vaporosas difuminando y mezclando colores intensos reflejando la luz. Los expertos sitúan en los cuadros de los paisajistas ingleses de la primera mitad del siglo XIX (Mallord, Turner, Constable...) las bases sobre las que se asientan las bases de la pintura impresionista. Buscaron un lenguaje nuevo en la pintura que les llevó a captar escenas cotidianas de su tiempo tanto urbanas como al aire libre. Al principio, su pintura no sólo no fue entendida, sino que fue contundentemente rechazada por los miembros, la crítica y el público del Salón Oficial de París. Por ello, comenzaron a fraguar su primera aparición pública en una exposición independiente para darse a conocer como grupo. A tal fin, intentaron también atraer a otros artistas jóvenes (pintores, escultores y grabadores) y fundando una sociedad anónima para dar la sensación ante el público de ser una organización numerosa. Resueltos a ser conocidos, por fin en 1874 organizaron la primera muestra en los salones del fotógrafo Nada. En total participaron treinta y nueve pintores con más de ciento sesenta y cinco obras de las que diez eran de Degas, la mayor aportación individual del grupo, y entre las que estaba la ya legendaria *Impresión: sol naciente* de Monet que, dio nombre al grupo. La única mujer que participó en dicha exposición fue Berthe Morisot que formó parte también de las celebradas en 1876, 1877, 1880, 1881, 1882 y 1886. En 1879 se incorporaron Marie Bracquemond y Mary Cassatt. Pierre-Auguste Renoir, uno de los máximos exponentes del movimiento afirmaba: ¨ "Considero a las mujeres escritoras, abogadas y políticas (como George Sand, Mme. Adam y otras pesadas) monstruos y poco más que becerros con cinco patas [...] La mujer artista es simplemente ridícula"

Desconocidas por sus producciones artísticas pero reconocibles, por la inmensa mayoría, por ser protagonistas de obras calificadas de "maestras" encontramos a Eva Gonzàles, Suzanne Valadon y Victorine Meurent. La primera ha pasado por ser, en manos de Édouard Manet la triste pintora que quiso pintar un búcaro con flores sin tener fuerza para sostener un pincel y que retrató en 1870; la segunda, por ser "La bebedora" que atrapó Toulouse-Lautrec en 1888 en la noche parisina y la tercera, Victorine Meurent, por dar vida a la joven que desnuda entre hombres vestidos se sitúa en "Le déjeneur sur l'herbe" en 1863 o invita a su dormitorio como "Olympia" también en 1863. Ninguna de ellas fue tratada como una mujer artista.

Eva Gonzàles, la musa y modelo

Eva Gonzàles era de origen español pero, por las obligaciones laborales de su padre, residía en Francia.

Aunque a los 16 años comenzó su formación en el taller de de Charles Joshua Chaplin, en 1869 Alfred Stevens, afamado artista, presentó a Eva Gonzàles a Édouard Manet. Ella era un joven de 20 años que soñaba con ser pintora; él un exitoso pintor de 37 años que revoloteaba y jugaba con las flores hasta marchitarlas. Ella descubrió al maestro que admiró y él a la discípula que menospreció. Él la percibía como una aficionada que se entretenía pintando y a la que podía utilizar como modelo.

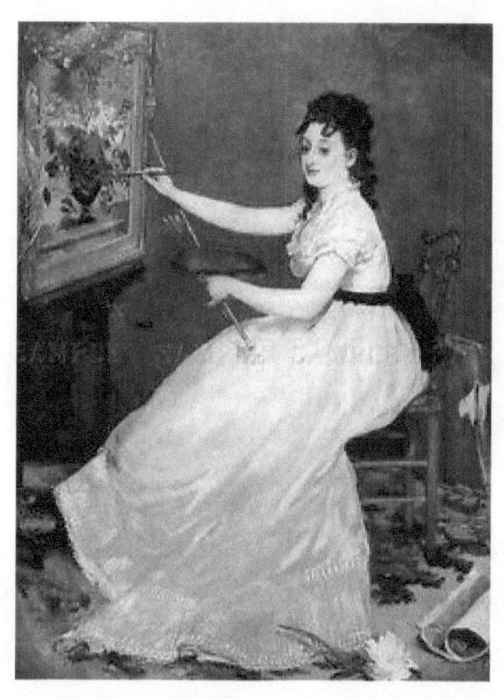

Édouard Manet "Retrato de Eva Gonzàles" 1869

Aunque también realizó sobre ella pasteles de pequeño formato, en febrero de 1869 Édouard Manet comenzó a retratar a Eva Gonzàles en un óleo sobre lienzo de 191 cm. de alto y 133 de ancho, plenamente impresionista, que se exhibe actualmente en la

National Gallery de Londres y que finalizó casi un año después, en marzo de 1870.

El retrato de Eva evidencia el concepto que tanto la sociedad del S. XIX, como el impresionismo o el propio Manet tenían de la mujer artista. La joven está sentada en una pequeña banqueta mientras el lienzo, ya enmarcado, descansa sobre el caballete. Su mirada está perdida y descentrada, alguien fuera de la composición atrae su atención. Parece como si le preocupase más no manchar su inmaculado vestido que pintar.

Eva asemeja más una alta dama de la sociedad francesa del Segundo Imperio, que una intelectual o una pintora. En una postura artificial y totalmente incompatible con la de realizar un trabajo ase con la mano derecha un pincel como lo haría la más "graciosa e inexperta de las pintoras", mientras con la izquierda sustenta pinceles y paleta con un dedo meñique alzado como quien levanta cuando va a tomarse un té. Por supuesto ni está pintando ni ejecutando una obra de arte, Manet la presenta limpiando o perfeccionando un lienzo que ya estaría acabado y, cómo no, unas flores, o un florero, considerado pintura de segunda categoría, de género.

El retrato que Manet hizo en 1869 de Eva Gonzàles es una burla hacia la mujer pintora que propone carente de habilidades, cuál florero del patriarcado.

Eva Gonzàles tuvo una vida breve. Falleció a los 34 años, a consecuencia de una embolia que sufrió durante el parto.

Gonzàles recibió clases de Charles Chaplin, de Manet y Degàs pero, pese a que sus maestros dejaron huellas, ella inundó su obra de un intimismo del que carecían los impresionistas. Le réveil es un ejemplo magnífico. Las pinceladas empleadas son esbozadas pero aplicando el color con rápidos toques que no consiguen disimular el prodigioso dibujo que exhibe la joven pintora, patente en la volumetría de la figura, la mesilla de noche con decoración de taracea perfectamente detallada o las lilas y el libro.

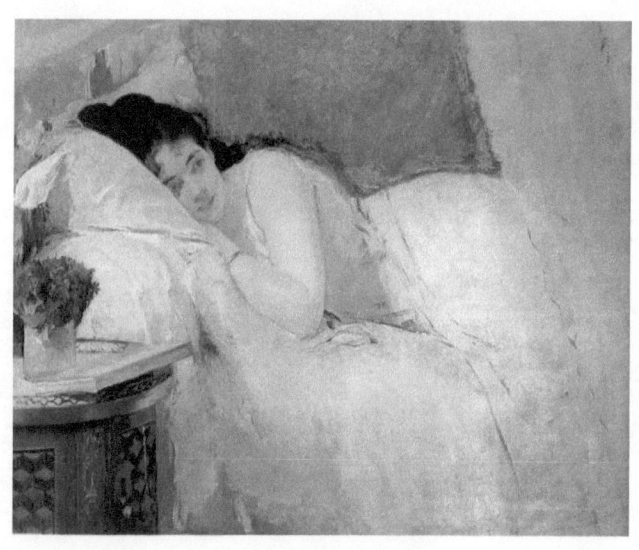

Le réveil 1876

"El Trompeta", "Té de la tarde", "La toilette", "La joven alumna", "Le petit lever", "Niñera con niña", "Secretamente o "Palco en la Ópera de los italianos" develan la sensibilidad de su autora a la par que el dominio de la técnica.

El 23 de febrero de 1879 Eva Gonzàles se casó pero no por ello abandonó su carrera artística, "El paseo en burro", "Leyendo en el bosque", "Rosas en una jarra", "La sombrerera" o "La toilette", son obras pertenecientes a estos años.

Cuatro años después de su matrimonio, Eva Gonzàles quedó embarazada. A consecuencia de la embolia que sufrió en el parto, murió quedando Julie huérfana de madre. Eva Gonzàles tan solo tenía 34 años cuando perdió la vida. Fue enterrada en el cementerio de Montmartre, en París.

Gonzàles, durante su corta vida artística, nunca quiso participar en las muestras de los Impresionistas. Ellos buscaban una temática bastante más profunda que las personales, pero intrascendentes, copias de la realidad inmediata en la que ella no se sentía identificada.

Eva Gonzàles fue, durante décadas recordada exclusivamente por su labor como musa o modelo de los pintores impresionistas franceses. Poco a poco se ha ido resaltando su nombre como autora de primera fila con obras transcendentes, prodigiosas, sensibles, íntimas y eternas reveladoras de los sentires de las mujeres.

Eva Gonzàles, la maestra de pintura

Eva Gonzàles estuvo en el estudio de Manet con doble propósito. El primer lugar, aprender del pintor que más admiraba; en segundo, recibir críticas de su propio trabajo, debido a la relación que Manet tenía con los críticos de arte de París, abiertamente antagónica.

Los críticos hablaban de Gonzàles como de alguien que se dejaba manejar fácilmente por su instructor, Manet. Por esta razón, advirtieron a Gonzàles en repetidas ocasiones que se contrapusiera a seguir sus pasos, acto que Gonzàles se negó a seguir, considerando a Manet, no sólo su profesor, sino también amigo y consejero, creando una controversia con su compañera Berthe Morisot y mostrando indiferencia hacia ella.

Los años en que Eva Gonzàles trabajó en el taller, como alumna y musa de Manet, tuvieron un afecto duradero sobre cómo Gonzàles fue vista.

Eva Gonzàles decidió no participar en exposiciones impresionistas, fiel a Manet prefirió mostrar su trabajo en el Salón oficial y, en 1870, expuso en París, "El soldadito". La obra es una pintura al óleo en el que se representa una figura militar inspirada en el famoso pífano de Manet, y en la que muestra la influencia de este, sobre todo en la elección de fondos oscuros y la maestría del dibujo.

El dibujo es perfecto y lo utiliza para resaltar los detalles del traje y las calidades de las telas. La luz, procedente de la izquierda, resbala sobre el pequeño, produciendo un atractivo contraste de luces y sombras, y situando la figura del soldadito en un espacio neutro en el que no existe diferenciación entre suelo y pared, como ya había hecho anteriormente Velázquez.

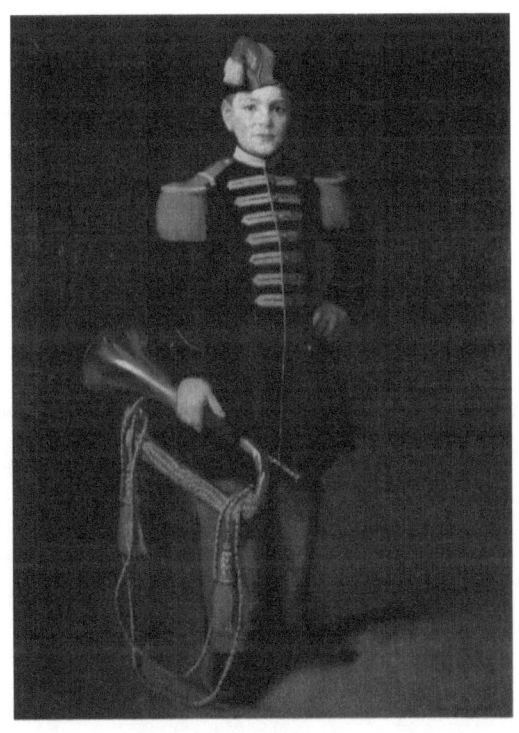

"El soldadito" 1870

Cuando Eva Gonzàles ejecutó esta obra tenía 20 años hecho que tuvo muy presente la crítica de la época, así como el hecho de representar a un niño vestido de militar en ciernes de la guerra Franco-Prusiana, que en vez de portar un arma lucía una trompeta.

La segunda etapa en la obra de Eva Gonzàles comenzó en 1871 y estuvo influenciada por Edgar Degas, caracterizándose en sus pinceladas los detalles de las particularidades de este pintor, realizando una obra ese mismo año, "El despertar".

El espíritu intimista que manifiesta Eva Gonzàles en esta obra, y de la que ya hemos hablado, se encontraba en sintonía con Berthe Morisot, su compañera en el estudio de Manet. Una joven vestida con un camisón blanco recibe los rayos del sol en su cama; las tonalidades blancas de las sábanas y los almohadones se convierten en protagonistas, así como las sombras coloreadas típicas del impresionismo.

En 1874 pintó, "Un palco en la Ópera de los italianos" que se encuentra actualmente en el Museo d'Orsay de París. En el lienzo trató una temática más practicada por sus compañeros varones, mostrando el mundo del espectáculo y la noche parisina. Sin embargo, la escena que Eva Gonzàles refleja está muy lejos de las de sus compañeros. Ella representó a una pareja, que son su hermana Jeanne Gonzalès y su marido Henri Charles Guérard, en el Theâtre des Italiens. Como si tuviese una premonición retrató juntos a su esposo y a su hermana, que se casaron al fallecer Eva. El rostro de ella expresa una mirada cabizbaja pendiente al espectáculo, mientras él, se muestra con aire de superioridad vanagloriándose de la bella mujer que tiene a su lado y mostrando su estatus en la sociedad.

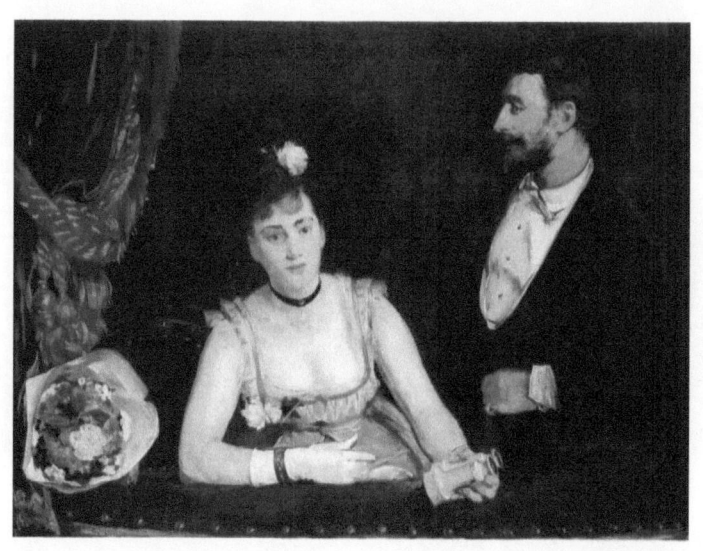

"Un palco en la Ópera de los italianos" 1874

El intimismo será una de las características que inundarán la obra de Eva Gonzàles para quien un momento en una terraza tomando un té, será un motivo suficiente para internar adentrar en la soledad de una mujer.

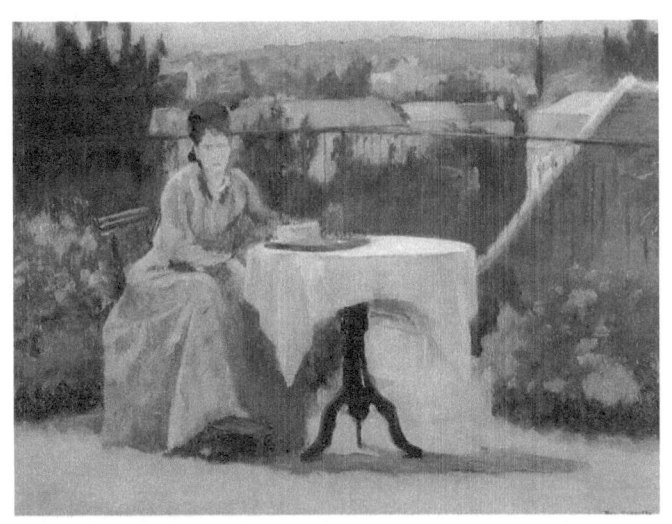

"En la terraza" 1877

También, para Eva, como para todo el movimiento impresionista, los jardines y ropajes se convierten en un buen soporte para experimentar con la luz, siendo para ella generalmente las protagonistas de los espacios, las mujeres.

"Miss et bébé" (1877) fue una escena pintada en una ciudad costera de Normandía, donde Gonzalès se había refugiado durante la guerra franco-prusiana de 1870. En esa época tener una niñera inglesa sugería una posición muy acomodada. La obra fue exhibida en el Salón de París en 1878. La cuidadora ocupa un lugar central en esta composición triangular. Su mirada anhelante se proyecta fuera del plano pictórico, más allá de los límites de la reja de la mansión que intuimos detrás de la perspectiva

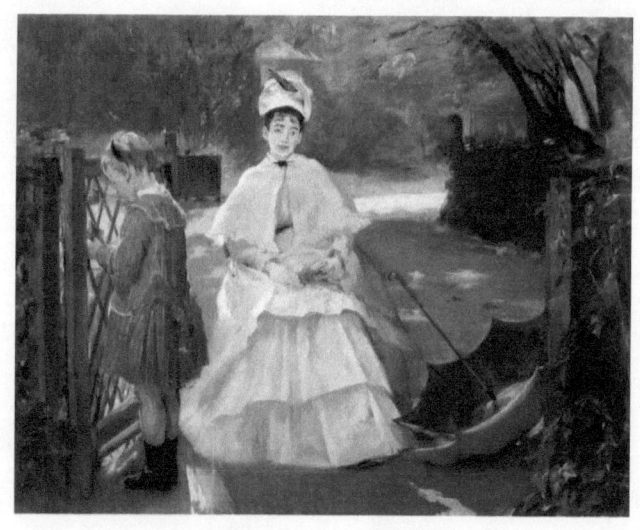

"Miss et bébé" 1877

Eva Gonzalés. Pintora feminista

Si bien es cierto que las mujeres en el siglo XIX no podían acceder a las clases de dibujo anatómico y que los temas que trataban en sus obras estaban ligados a escenas cotidianas y bodegones, también lo es que pocas mujeres hasta esas fechas trataron a sus representadas demostrando sus habilidades. La "joven alumna" que pintó Eva Gonzàles bien pudiera tratarse de un autorretato donde, además de demostrar, pese a su temprana edad, un gran dominio en la paleta, se presenta como una profesional, concentrada en su trabajo y próxima al lienzo en el que pone toda su atención. Lejos de centrarse en la vestimenta la autora pone toda su dedicación en dar fuerza y tensión al cuerpo que pinta.

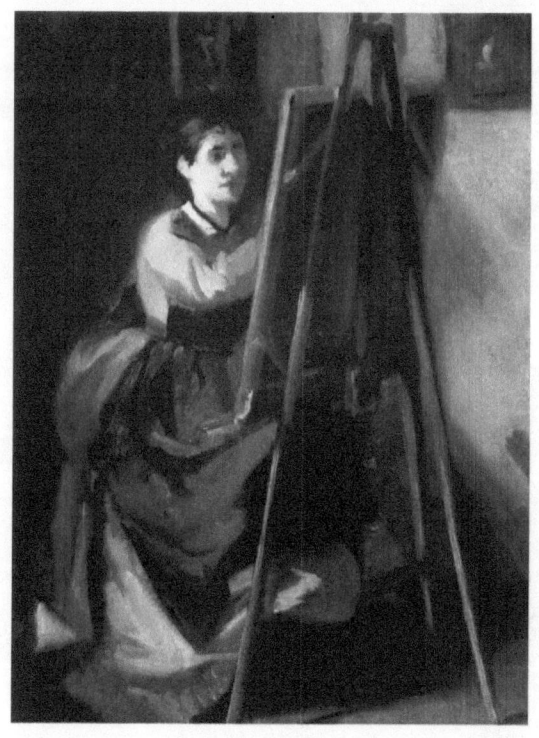

"La joven alumna" 1871

"La joven del arpa" de 1872 es otra demostración tanto de la buena destreza como de la iquietud de Eva Gonzàles por reflejar las habilidades de las mujeres. En este caso, que es un retrato de encargo, la pintora está condicionada por el vesuario de la representada al que acompaña un cierto aire rococó en el que se formó. Como hiciera con el "Soldadito" el año anterior la autora sitúa la figura de la representada en el centro y en un espacio neutro en el que no existe diferenciación entre suelo y pared.

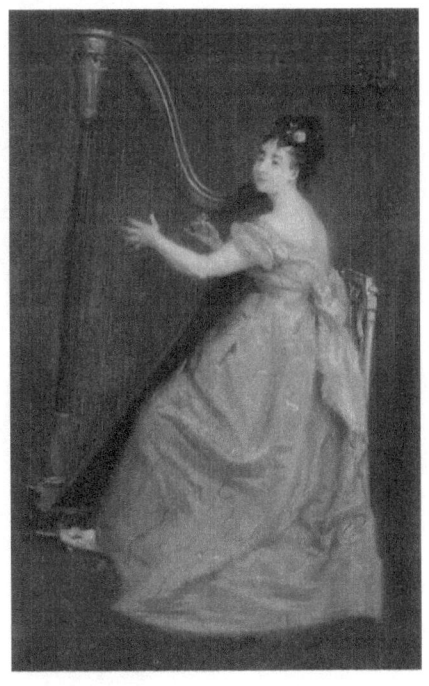

"La joven del arpa" 1872

"En la barca", obra de 1875, Eva entra en el mundo introspectivo de la mujer, en su ensimismamiento y melancolía en cuestionarse la existencia montada en una barca que va a la deriva.

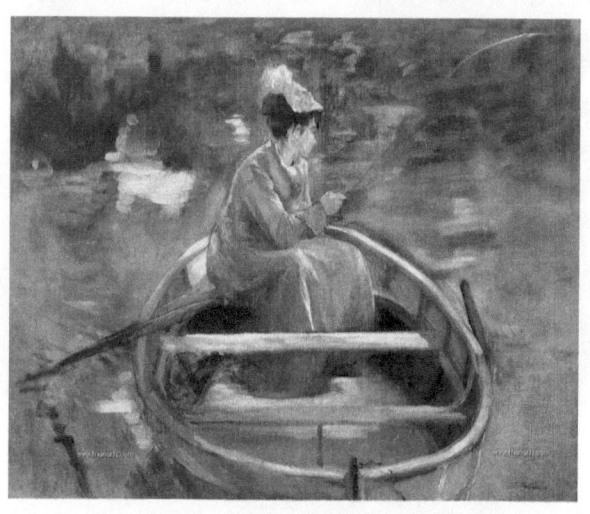

"En la barca" 1875

En "Secretamente" (1877) Eva nos muestra a su hermana Jeanne leyendo un libro en lugar de la partitura. Considerando que la madre de ambas era música y que el título del cuadro hace referencia a un secreto, podemos aventurar que la muchacha está leyendo en vez de estudiar piano a modo de transgresión. De nuevo Gonzalès utiliza la perspectiva caballera para generar profundidad en la composición. La chica parece no ser consciente de ser observada muy de cerca por el punto de vista del espectador. Una escena muy intimista que nos invita a sumergirnos en la narrativa absorbente del libro.

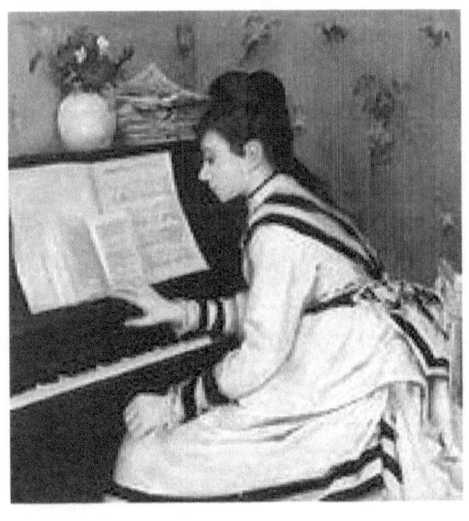

"Secretamente" 1877

"Paseo en burro" (1880) es una obra de la última etapa de Gonzalès. Eva usa a Jeanne, de nuevo, como modelo y después le añade su mirada introspectiva y seria y su nariz con carácter.

La pincelada de esta obra es mucho más impresionista y los personajes se sitúan al aire libre. Eva mira hacia el espectador pero parece no verle, tampoco presta atención a su marido, cuya mirada se centra en ella. Su rostro es el elemento más iluminado de la composición, como si tuviera luz propia. Aquí el uso de la luz es más psicológico que naturalista, por lo que podemos calificar el estilo de Eva Gonzalès como realismo intimista.

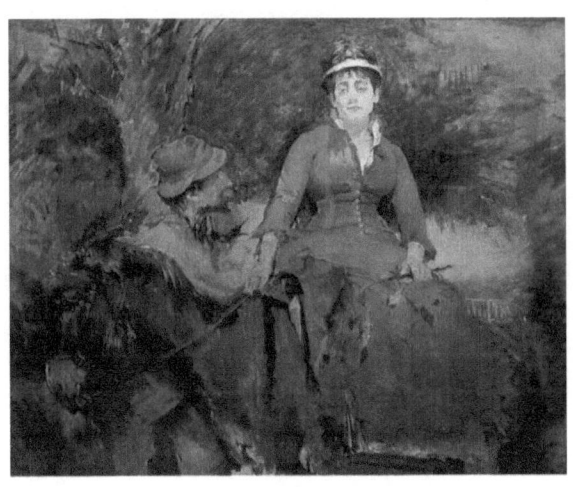

"El paseo en burro" 1880

"La sombrerera" es, posiblemente, el último cuadro que pintó Eva Gonzàles. Datado en 1882 la obra revela su estilo más personal con una paleta de colores muy clara y el uso de tonos pasteles que llenan la estancia de iluminación pese a tratarse de un interior. Abordando el costumbrismo, Eva Gonzàles elige una profesión y una mujer anónima como tema principal de su creación, convirtiendo un tema mundano en arte.

Poco después de la realización de este cuadro, en 1883, Eva murió en el parto de su hijo Jean-Raymond, quien fue educado y cuidado por Jeanne, la segunda esposa de Henri Guérard, y su querida hermana. Solo tenía 34 años y cinco días antes había fallecido Manet. Así se truncó la carrera artística de una mujer muy talentosa que luchó por construirse una identidad artística como mujer en un mundo dominado por hombres.

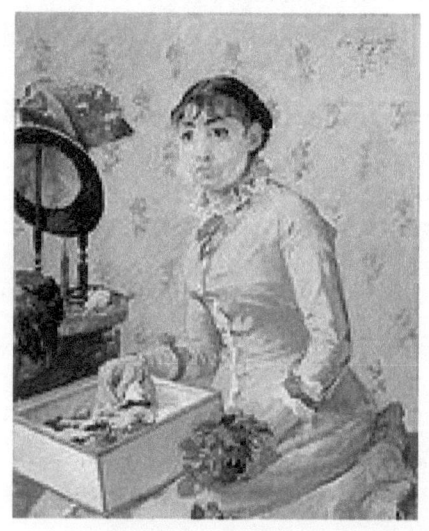

"La sombrerera" 1882

Eva Gonzalés, intimista

Pese a que la obra de Eva Gonzáles se enmarca dentro del impresionismo nunca perdió el intimismo que aprendió de su primer maestro Charles Joshua Chaplin, aunque si se desprendió de la artificiosidad de los colores brillantes que ella utilizó más matizados.

Eva Gonzáles pintó momentos íntimos de la vida doméstica, escenas de la vida cotidiana, silenciosa, serena, de mundos sencillos llenos de dignidad en las que vemos sus convicciones sobre la importancia de la familia y sus sentimientos.

"The Window" es una de las obras más tempranas que contiene este carácter que se enfatiza con el título. Dos niñas, que podrían ser Eva y su hermana

Jeanne, están en el balcón de su casa mientras las observa su madre que, complacida ve la educación intelectual que están recibiendo sus hijas rodeadas de libros.

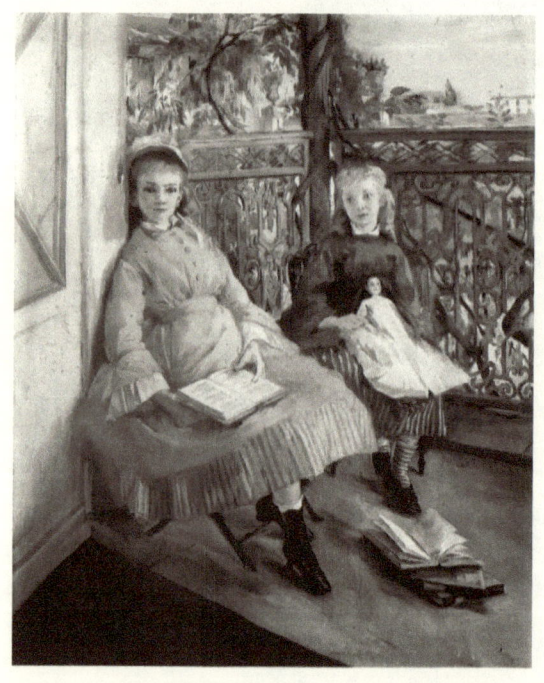

"The Window" 1865

"Alcove", realizada entre 1875 y 1878 parece un adelanto en el tiempo de "Le réveil" que pintó en 1876. Son dos escenas en las que parece haber una única protagonista iluminada por las luces de la mañana que entran a saludarla su dormitorio y acompañarla en ese dulce despertar tañido de tul y algodón.

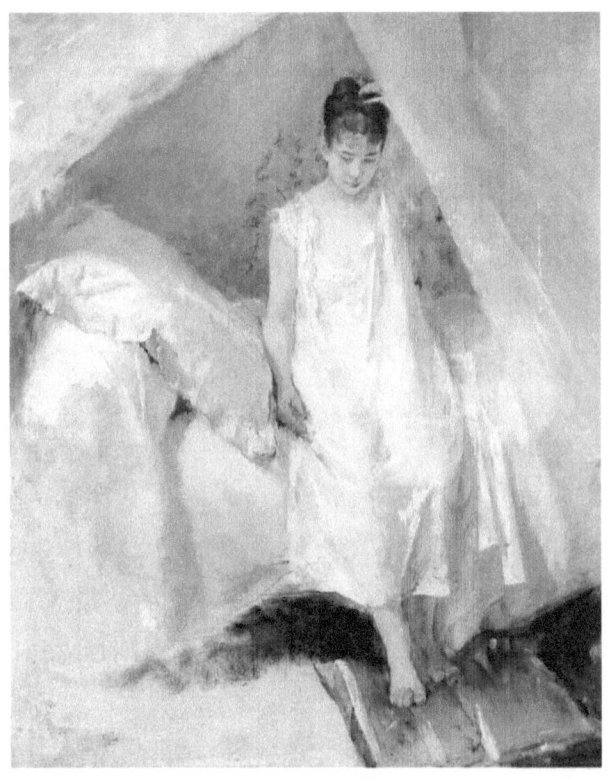

"Alcove" 1875-78

"Le petit lever", de 1875, es un título de difícil traducción, que hace referencia a cuando los primeros criados del rey entraban en su cámara para ayudarle a arreglarse. En la obra, el juego de miradas entre la dama y su reflejo en el espejo, y su criada absorta en la ejecución de su peinado, resulta muy interesante. El título del cuadro podría ser una referencia irónica al alto grado de pompa que exigía la moda femenina de la época. El fondo exhibe todo un juego de telas y estampados y un contraste tonal respecto a las figuras muy al gusto de Manet. Una caja de flores en primer plano sugiere la existencia de un admirador de la dama. No obstante, se trataría de un intento cordial de entrar en la intimida de una joven por el ojo de una cerradura.

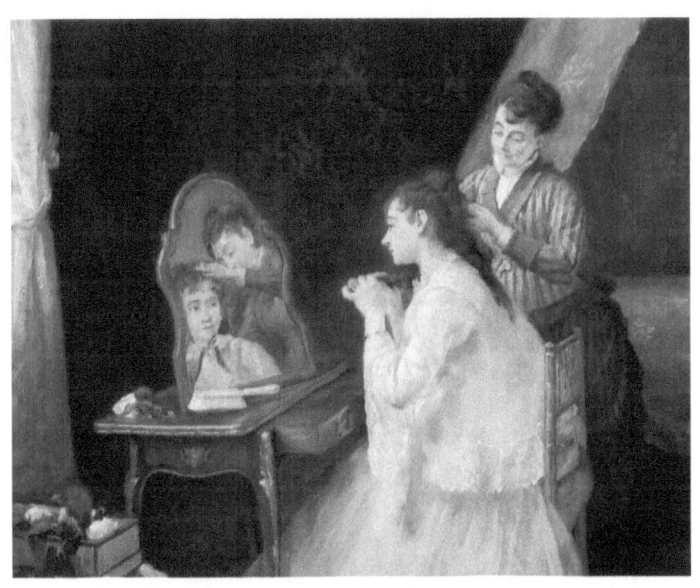

"Le petit lever" 1875

"La toilette" de 1879 es una obra exquisita que refleja la intensa relación que tenía Eva con su hermana, que son las protagonistas de la obra y en la que ella, más mayor, arregla el tocado se Jeanne que asiente sentada. Aunque ellas captan toda la atención en la escena, su autora escatima ninguna pincelada deleitándose en la tapicería del sillón así como en cada voluta que decora la consola y el espejo estilo

imperio y en el que esperan el abanico y la pulsera con flores que darán el toque final al engalanamiento.

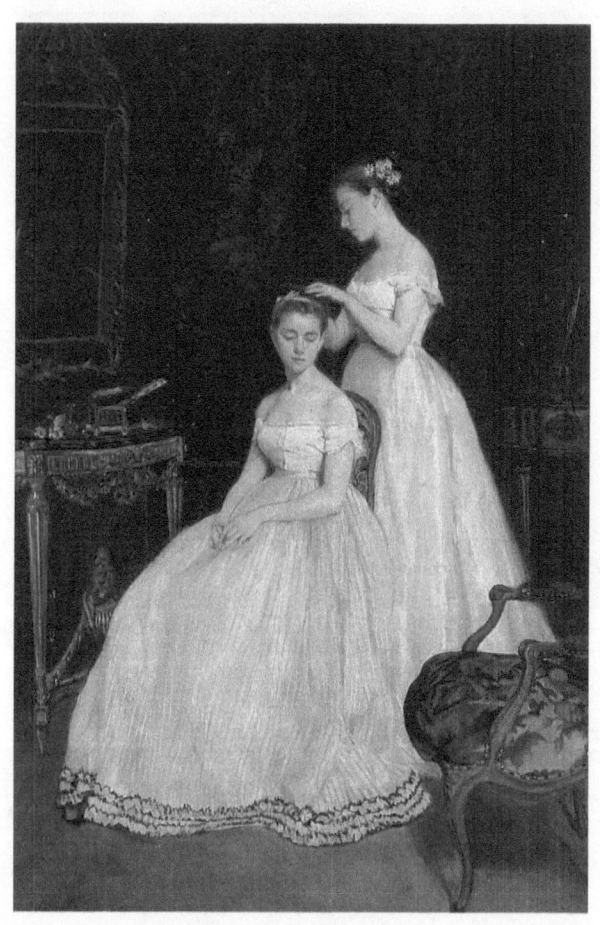

"La toilette" 1879

Eva Gonzalés, su legado

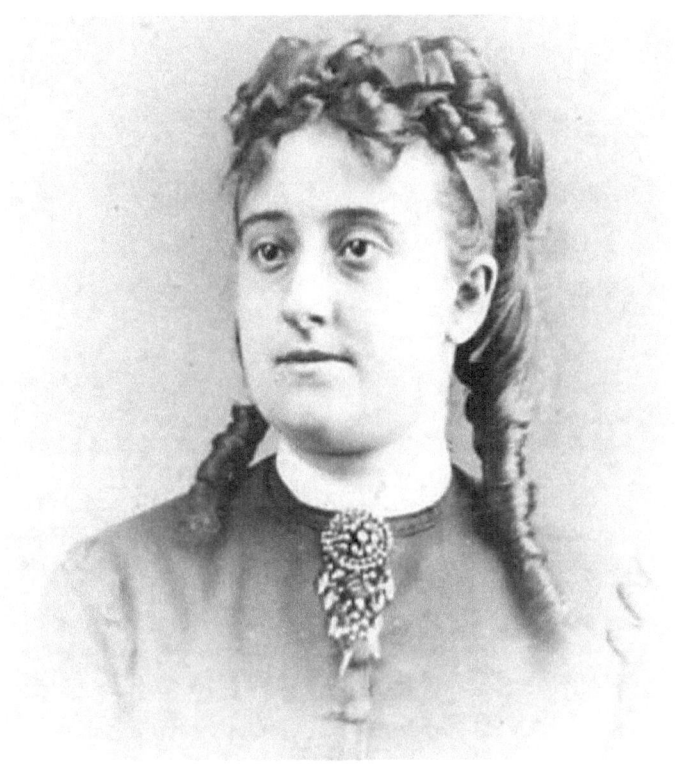

Tras la muerte repentina de Eva, su marido Henri Guérard, su padre Emmanuel Gonzàles, y una amiga de la familia Léon Leenhoff, decidieron poner en venta sus obras en París. Y en honor a la ocasión, el crítico de arte francés Octave Mirabeau compuso un homenaje a su carrera artística, en la que afirmó que:

Ce qui frappe surtout, dans le talento d'Eva Gonzales, c'est... La simplicité, la sincérité... Aucune mièvrerie de femme, aucun désir de faire joli et sympathique, et pourtant quel charme exquis!

(Lo que más te impresiona de todo, en el talento de Eva Gonzales, es... Simplicidad, sinceridad... ¡Sin feminismo, sin deseo de lucir bonita y amigable, y sin embargo, qué encanto tan exquisito!)

En 1885, dos años después de su fallecimiento, sus compañeros le dedicaron una exposición póstuma que se inauguró el 22 de enero del mismo año, en la sala "La vie Moderne". En otoño de 1924 se organizó otra en el

"Salón de Otoño" en la que se reconocía la aportación de la artista al Impresionismo.

En febrero de 2008 el Museo Schirn de Fráncfort inauguró una exposición con la obra de Eva Gonzalès y otras tres pintoras impresionistas, las francesas Berthe Morisot, Marie Bracquemond y la estadounidense Mary Cassat que, en opinión de la comisaria Ingrid Pfeiffer, todavía no han recibido el trato que merecen.

La obra, imagen y producción pictórica de Eva Gonzàles, como la de casi todas las mujeres, no solo no se ha valorado sino, lo que es peor, se ha ridiculizado y menospreciado creando de ella y de tantas imágenes creadas desde pensamientos misóginos como el de Manet que la pretendió convertir en un objeto al servicio del patriarcado y la infravaloración de las mujeres de las que se han burlado creando retratos como el que él creó.

No hay ni un solo motivo para considerar la obra de Eva Gonzàles de segunda y sí muchos para ponerla en la primera. Su técnica, el contenido y la dificultad de trabajar en un mundo construido por los varones para la invisibilización de las mujeres son solo una muestra de la valía que tuvo para que la historia no la halla podido obviar.